Enid Blyton

Hallo, Mausi Maus!

Bilder von Tony Linsell
Deutsch von Susanne Trachsler

DELPHIN VERLAG

Mausi Maus wohnt im Puppenhaus bei den Puppeneltern, Mutter Dolly und Vater Dicki, und den drei Puppenkindern, Milly, Pip und Knubbel.
Eines Tages ging Mausi Maus mit den Kindern in den Wald. Sie wollten Primeln und Anemonen pflücken.

„Da drüben unter den Bäumen wachsen besonders schöne. Ich geh mal schnell rüber und hol mir ein paar", sagte Milly und lief los. Auf einmal hörte sie ganz in ihrer Nähe ein trauriges Winseln. „Was ist das wohl?" dachte sie. „Ich will doch mal nachsehen." Und sie ging in die Richtung, aus der das Geräusch kam.

Da lag, versteckt unter einem Busch, ein kleiner Hund.

„Ach, du armes Hundebaby", sagte Milly. „Du siehst ja ganz traurig aus. Bestimmt hast du Hunger und frierst. Ich rufe gleich mal Mausi Maus."

„Wahrscheinlich hat man ihn ausgesetzt, und jetzt hat er kein Zuhause mehr", sagte Mausi. „Der arme kleine Kerl!"

„Wir wollen ihn mitnehmen", bettelte Pip. „Ich trage ihn." Sie hoben das Hündchen also auf, brachten es nach Hause und gaben ihm warme Milch zu trinken.

„Wollen wir es behalten?" fragte Mutter Dolly.
„Au, ja!" riefen die Kinder. „Wir möchten schon so lange einen Hund haben!"
Milly und Pip machten aus einer Schachtel und einem Kissen ein Hundebett. Knubbel schenkte dem neuen Hausgenossen seinen Lieblingsball, und Mausi Maus kaufte ihm einen Teller, auf dem mit großen Buchstaben HUND geschrieben stand.

Die Kinder nannten das Hunde-Findelkind LUMPI, weil sie fanden, daß dieser Name sehr gut zu dem kleinen Frechdachs paßte. Sie gingen viel mit ihm spazieren, und bald wurde Lumpi kugelrund und kerngesund, aber leider auch immer frecher. Eines Tages zerkaute er all die hübschen Rosen, die Mausis Sonntagshut schmückten. Ein andermal erwischte er Vater Dickis Pantoffeln, nagte sie an und versteckte sie dann hinter dem Ofen.

Und als er einmal auf dem Küchentisch eine lange Wurstkette entdeckte, packte er sie und lief mit allen Würstchen davon.

Unterwegs stieß er mit Pip zusammen und rannte ihn über den Haufen. Im selben Moment kamen alle Hunde aus der Nachbarschaft angeflitzt, weil sie die Würste gerochen hatten. Vor lauter Gier bemerkten sie den armen Pip überhaupt nicht. Der schrie aus vollem Halse: „Hilfe, Hilfe! Die Hunde wollen mich fressen!"
Da lief die ganze Puppenfamilie herbei und schimpfte Lumpi aus.

Von nun an benahm sich der kleine Hund aber so mustergültig, daß Mutter Dolly ihm ein wunderschönes Halsband schenkte.

Eines Tages kam Mausi Maus ins Wohnzimmer und verkündete: „Es ist Zeit für den Frühjahrsputz!"
„Ja, wir müssen uns an die Arbeit machen", sagte Vater Dicki. „Ich werde das Haus frisch anstreichen. Wo ist denn meine Leiter?"

Gleich wollten alle Kinder beim Malen helfen. Aber als Pip auf die Leiter kletterte, rutschte er auf der obersten Sprosse aus und fiel direkt in Vater Dickis Farbkübel. „Oh je!" schrie er. „Alle meine Kleider sind weiß!"
„Das kommt davon, wenn man Dummheiten macht", sagte Mausi Maus, als sie Pip in ein heißes Bad steckte.

Milly wollte beim Tapezieren helfen. Aber dabei geriet ihr Knubbel zwischen die Wand und die Tapete. – Der neugierige Lumpi kam dem Staubsauger zu nahe und wurde – schwuppdiwupp – vom Teppich gesaugt. Es dauerte stundenlang, bis Mausi ihn wieder aus dem Staubsack herausgefischt hatte.

„Wenn das so weitergeht", sagte Mausi zu Mutter Dolly, „sind wir Weihnachten noch nicht mit dem Frühjahrsputz fertig. Wir müssen die Kinder für ein paar Tage aufs Land schicken. Und Lumpi muß auch weg! Er ist genau so schlimm wie die drei andern." Die Kinder wurden also in die Ferien geschickt, und Mausi war im Handumdrehen mit allem fertig. Sie klopfte die Teppiche, wusch die Vorhänge, und bald war alles blitzblank und pikobello!

„Das Haus ist so still", sagte sie zu sich selbst. „Ich vermisse die Kinder. Ich werde sie nach Hause holen. Aber vorher backe ich noch einen Kuchen für sie."

Alle feierten begeistert Wiedersehen. Lumpi sprang vergnügt herum und schleckte Mausi von oben bis unten ab.

Das Haus sah jetzt wunderschön aus, aber der Garten war noch sehr unordentlich. „Ich wünschte, wir hätten einen Gärtner", sagte Vater Dicki. „Ich kann nicht mehr alles alleine machen."
Gleich am nächsten Tag wurde in der Puppenzeitung eine Anzeige aufgegeben: GÄRTNER GEGEN GUTE BEZAHLUNG GESUCHT. Der erste, der kam, war ein junger Mann. Er grub aus Versehen einen von Lumpis Knochen aus. Da wurde Lumpi so wütend, daß er ihn biß und für alle Zeit verjagte.

Dann versuchte es Vater Dicki mit dem Aufziehclown. Aber den mußte man immerzu aufziehen. Da blieb fast keine Zeit mehr für die Gartenarbeit übrig.
Endlich kam der ideale Gärtner. Er hieß Schnauzel Maus, und die Kinder hatten ihn sehr gern.
„Er hat mir beigebracht, wie man umgräbt. Milly hat er gezeigt, wie man Unkraut jätet. Und Knubbel darf ihm sogar beim Blumengießen helfen. Wir müssen ihn unbedingt behalten", dachte Mutter Dolly.

Eines Tages legte Schnauzel Maus ein wunderschönes Blumenbeet an. Aber Lumpi vergrub mittendrin einen Knochen und machte dabei die hübschen Blumen kaputt.
„Ich kann nicht arbeiten, wenn die ganze Zeit ein Hund um mich herum ist", beschwerte sich Schnauzel bei Vater Dicki. „Der Hund muß weg!"
Da waren die Kinder sehr traurig.

Als Lumpis letzter Tag herangekommen war, gingen die drei noch einmal mit ihm in der Stadt spazieren. Plötzlich rollte Knubbels Ball auf die Straße. Knubbel rannte hinterher und direkt vor ein Auto. „Paß auf!" schrie Pip. Aber bevor das Auto Knubbel überfahren konnte, sprang Lumpi auf die Straße, packte Knubbel und trug ihn sicher auf die andere Seite hinüber.

„Eine richtige Heldentat!" rief Mutter Dolly. „Jetzt können wir ihn doch unmöglich wegschicken. Du darfst hierbleiben, Lumpi, aber du mußt versprechen, nie mehr Knochen zwischen den Blumen zu vergraben!" Lumpi wedelte mit dem Schwanz, und das bedeutete: Ich versprech's!

Eines Tages fiel Schnauzel Maus bei der Apfelernte von der Leiter. Stöhnend blieb er unten liegen.

„Was ist denn passiert?" rief Mausi Maus, als sie hinausrannte, um ihm zu helfen.
„Ich hab mich verletzt", jammerte der arme Schnauzel.
„Mach dir keine Sorgen, ich pflege dich gesund", sagte Mausi Maus. „Komm, ich helf dir ins Haus und bring dich zu Bett."

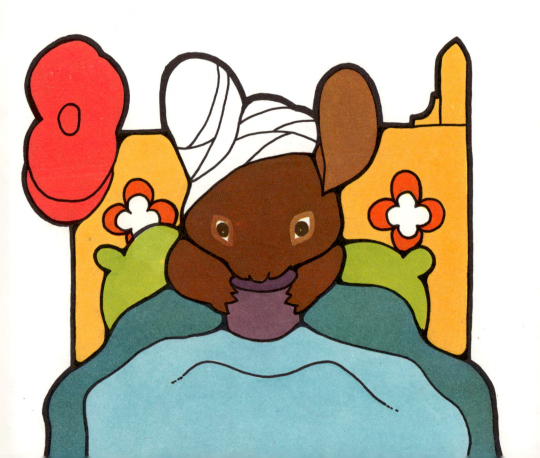

Schnauzel war längere Zeit krank, und Mausi Maus pflegte ihn. Sie gab ihm sogar ihr Bett und schlief selber im Schaukelstuhl in der Küche. Als es Schnauzel wieder besser ging, sagte er: „Du warst so lieb zu mir, Mausi. Weißt du was, wir heiraten!"
„Ich würde dich ja schrecklich gern heiraten", sagte Mausi Maus, „aber ich kann doch die Puppenfamilie nicht im Stich lassen."
„Das ist gar kein Problem", meinte Schnauzel. „Den Keller unter der Küche kann man wunderbar zu einer Wohnung umbauen. Wenn wir das täten, könnten wir beide miteinander im Puppenhaus bleiben."

Mausi Maus ging also zu Mutter Dolly und fragte, ob sie mit Schnauzel zusammen im Keller wohnen dürfe.
„Natürlich könnt ihr das", sagte Mutter Dolly erfreut, „und wir werden euch beim Einrichten helfen."

Die ganze Familie machte sich gleich an die Arbeit. Pip schreinerte einen Stuhl, Milly nähte eine hübsche Tischdecke und stickte in die Ecke ein MM, das bedeutete ‚Mausi Maus'. Knubbel malte ein Bild von seiner Lieblingslokomotive, und sogar Lumpi brachte ein Geschenk: seinen größten Knochen. Gemeinsam malten sie die Kellertür an und befestigten eine Glocke und einen Türklopfer.

Dann wurden Hochzeitseinladungen verschickt, und schließlich kam der große Tag. Mausi Maus sah wunderhübsch aus in ihrem Hochzeitskleid. Schnauzel war sehr elegant, und alle Mitglieder der Puppenfamilie trugen ihre schönsten Kleider.

Mausi hatte ihre ganze Mauseverwandtschaft eingeladen, und die Mäuse warfen so viel Konfetti in die Luft, daß es wie ein Schneesturm aussah.
„Der Hochzeitskuchen ist ja noch größer als ich", sagte der kleine Knubbel, als Mausi das erste Stück abschnitt. – Dann kam ein blankpoliertes Spielzeugauto angefahren. Mausi Maus und Schnauzel stiegen ein, und losging die Hochzeitsreise.

„Mausi Maus soll nicht weggehen", schluchzte Knubbel. „Sei nicht dumm", tröstete ihn Mutter Dolly, „sie kommt doch bald zurück. Wir werden inzwischen die Wohnung für sie einrichten und es dabei sehr lustig haben."
Schon am nächsten Tag machten sie sich an die Arbeit. Knubbel hängte sein selbstgemaltes Bild auf, Milly legte ihre Decke auf den kleinen Tisch, und Vater Dicki kaufte noch zwei Sessel und ein Sofa.

„Jetzt sieht es hier wirklich hübsch und wohnlich aus", stellte Mutter Dolly zufrieden fest.
Bald kamen Schnauzel und Mausi Maus von ihrer Hochzeitsreise zurück.
Alle Puppenhausbewohner versammelten sich zu ihrem Empfang.

„Willkommen zu Hause!" riefen Mutter Dolly und Vater Dicki. „Kommt und seht euch eure neue Wohnung an!"
Mausi Maus öffnete die Tür und schaute sich um.
„Oh, was bin ich für eine glückliche Maus!" rief sie. „Ich bin so froh, daß ich zusammen mit dem lieben Schnauzel weiter bei euch wohnen darf."